a skoro - ትምህርት ቤት 2
a koiri - ጉዞ 5
a transport - መጓጓዣ 8
a foto - ከተማ 10
a landschap - መልከዓምድር 14
a restaurant - ምግብ ቤት 17
a wenkri - የሸቀጣ ሸቀጥ መደብር 20
a dringi - መጠጦች 22
a nyan - ምግብ 23
a burugron - እርሻ 27
a oso - ቤት 31
a foroisi - ሳሎን 33
a botrali - ማድቤት 35
a was oso - መታጠቢያ ቤት 38
a pikin kamra - የልጅ ክፍል 42
a krosi - አልባሳት 44
a kantoro - ቢሮ 49
a ekonomia - ኢኮኖሚ 51
den kari - የስራ ሙያዎች 53
a wrokosani - መሳሪያዎች 56
den poku sani - የሙዚቃ መሳሪያዎች 57
a meti dyari - የደር እንስሳት ማቆያ 59
a sport - የስፖርት አይነቶች 62
den aktifiteit - እንቅስቃሴዎች 63
a famiri - ቤተሰብ 67
a skin - አካል 68
a ati oso - ሆስፒታል 72
a nowtu - ድንገተኛ 76
a grontapu - ምድር 77
oloisi - ሰዓት 79
a wiki - ሳምንት 80
a yari - ዓመት 81
den form - ቅርፆች 83
kloru - ቀለማት 84
difrenti - ተቃራኒዎች 85
den nomru - ቁጥሮች 88
den tongo - ቋንቋዎች 90
suma / sang / fa - ማን/ ምን/ እንዴት 91
pe - የት 92

Impressum
Verlag: BABADADA GmbH, Nedderfeld 112 , 22529 Hamburg
Geschäftsführer / Verlagsleitung: Harald Hof
Druck: Books on Demand GmbH, In de Tarpen 42, 22848 Norderstedt

Imprint
Publisher: BABADADA GmbH, Nedderfeld 112 , 22529 Hamburg, Germany
Managing Director / Publishing direction: Harald Hof
Print: Books on Demand GmbH, In de Tarpen 42, 22848 Norderstedt

1

# a skoro
## ትምህርት ቤት

- prati — ማካፈል
- a bord — ሰሌዳ
- a klas — መማሪያ ክፍል
- a skoro dyari — የትምህርት ቤት ቅጥር ግቢ
- a leriman — መምህር
- a papira — ወረቀት
- skrifi — መፃፍ
- a pen — እስክሪብቶ
- a tafra — መፃፊያ ጠረጴዛ
- a lati — ማስመሪያ
- a buku — መጽሐፍ
- a studenti — ተማሪ

a skorotas

የጀርባ ቦርሳ

a kisi

የእርሳስ መያዣ

a skriftiki

እርሳስ

a srapu

የእርሳስ መቅረጫ

a sisibi

ላጲስ

a prenki buku

የስዕል ደብተር

a prenki
ስዕል

a kwasi
የቀለም ብሩሽ

a ferfidosu
የቀለም ሳጥን

a sisei
መቀስ

a gomma
ማጣበቂያ

a skrifbuku
መልመጃ ደብተር

a skorowroko
የቤት ስራ

a nomru
ቁጥር

teri
መደመር

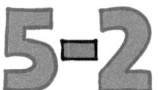

koti
መቀነስ

vermenigvuldig
ማባዛት

teri
ቁጥሮችን ማስላት

a brifi
ደብዳቤ

a alfabet
ፊደላት

a wortu
ቃል

a skoro - ትምህርት ቤት

a wortu
ፅሑፍ

lesi
ማንበብ

a kreiti
ጠመኔ

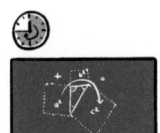
a yuru
ትምህርት

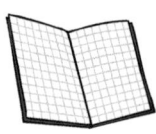
a klasbuku
ምዝገባ

a examen
ፈተና

a skoropapira
ሰርተፊኬት

a sem skoro krosi
የትምህርት ቤት የደንብ ልብስ

a skoro
ትምህርት

a encyklopedie
አዉደ ጥበብ

a unifersiteit
ዩኒቨርስቲ

a mikroskoop
የምርምር አጉሊ መሳርያ

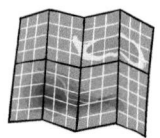
a karta
ካርታ

a doti embre
የቆሻሻ ወረቀት መጣያ ቅርጫት

a skoro - ትምህርት ቤት

# a koiri

## ጉዞ

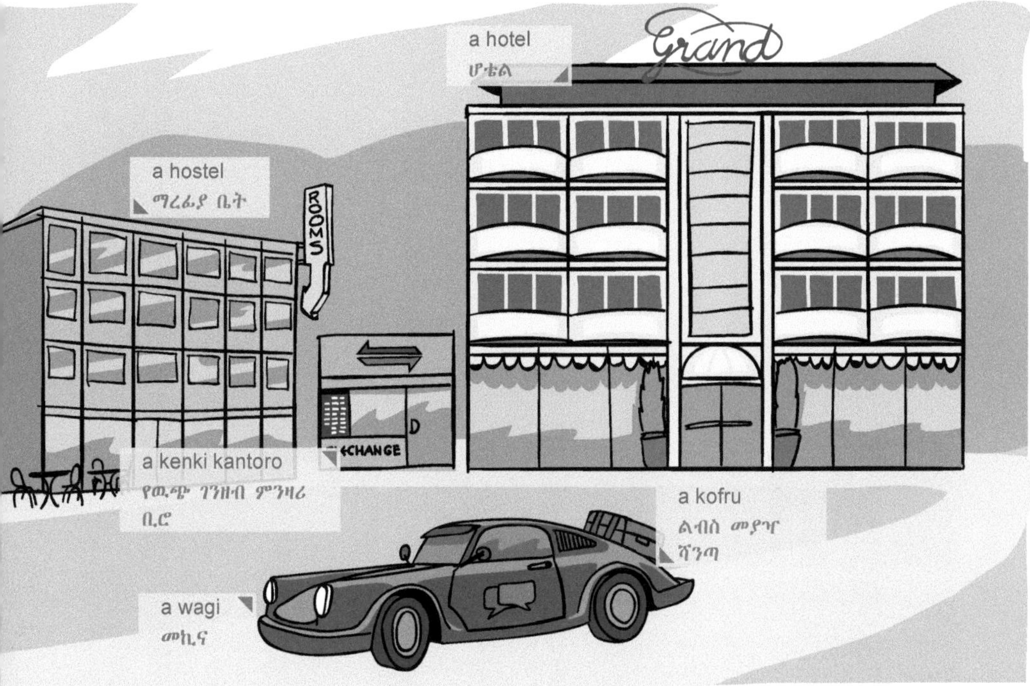

a hotel
ሆቴል
a hostel
ማረፊያ ቤት
a kenki kantoro
የዉጭ ገንዘብ ምንዛሪ ቢሮ
a kofru
ልብስ መያዣ ሻንጣ
a wagi
መኪና

a tongo

ቋንቋ

ai / no

አዎ/ አይደለም

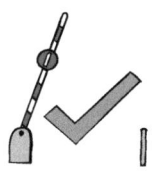

afen

እሺ

Ei!

ሰላም

a torku

አስተርጓሚ

Grantangi

አመሰግናለሁ

O meni...?
ስንት ነዉ.......?

Mi ne ferstan
አልገባኝም

a problema
እክል

Kuneti!
እንደምን አመሹ!

Morgu!
እንደምን አደሩ!

Kuneti!
መልካም ምሽት!

Adyosi!
ደህና ይሰንብቱ

a beni
አቅጣጫ

a bagasi
ሻንጣ

a tas
ቦርሳ

a tas
የጀርባ ቦርሳ

a fisiti
እንግዳ

a kamra
ክፍል

a sribi saka
የመተኛ ቦርሳ

a tenti
ድንኳን

a koiri - ጉዞ

a reiskantoro

..................

የጎብኚዎች መረጃ

a sekanti

..................

የባህር ዳርቻ

a kreditkarta

..................

ክሬዲት ካርድ

a mamanten nyanyan

..................

ቁርስ

nyanyan

..................

ምሳ

a nyanyan

..................

እራት

a karta

..................

ቲኬት

a lift

..................

አሳንሰር

a stampu

..................

ማህተም

a lanki

..................

ድንበር

a douane

..................

ባህሎች

a ambassade

..................

ኤምባሲ

a fisa

..................

ቪዛ/የይለፍ ወረቀት

a pasportu

..................

ፓስፖርት

# a transport
## መጓጓዣ

a isrifowru — አዉሮፕላን

a boto — መርከብ

a brandweerwagi — የእሳት አደጋ መኪና

a bus — አዉቶቡስ

a wagi — የሳዉንት መኪና

a motro boto — የሞተር ጀልባ

a baisigri — ብስክሌት

a wagi — መኪና

a pondo

የማመላለሻ ጀልባ

a boto

ጀልባ

a motro

የሞተር ብስክሌት

a skowtu wagi

የፖሊስ መኪና

a streilon wagi

የዉድድር መኪና

a yuru wagi

የኪራይ መኪና

a wagi prati

የመኪና መጋራት

a takelwagi

ጎታች መኪና

a doti wagi

የቆሻሻ ጭነት መኪና

a motro

ሞተር

a oli

ነዳጅ

a oli pompu

የቤንዚን ማደያ

a ferkeermarki

የመንገድ ምልክት

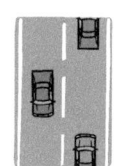

a ferkeer

የመኪኖች እንቅስቃሴ

a reylo

የመኪና መጨናነቅ

a parkeerpresi

የመኪና ማቆሚያ

a lokopresi

የባቡር ጣቢያ

den rail

የባቡር ሀዲዶች

a loko

ባቡር

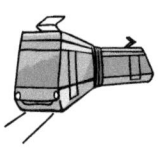

a loko

የኤሌክትሪክ ባቡር

a wagi

ሰረገላ

a transport - መጓጓዣ

9

a helikopter
ሄሊኮፕተር

a opolangi
አየር ማረፊያ

a fortresi
ማማ

a pasasir
መንገደኛ

a kontainer
ማስቀመጫ፤ ማጠራቀሚያ

a doso
ካርቶን እቃ ማሸጊያ

a wagi
ጋሪ፤ ተሳቢ

a baskita
ቅርጫት

opo go / saka
መነሳት/ ማረፍ

## a foto
## ከተማ

a dorpu
መንደር

a fotosei
የከተማ ማዕከል

a oso
ቤት

a kino
ሲኒማ

a reklame
ማስታወቂያ

a strati lampu
የመንገድ ዳር መብራት

a strati
መንገድ

a taxi
ታክሲ

a wenkri
የቁርስ መቆያ ሱቅ

a sma san e waka
እግረኛ

a futupasi
ድንጋይ የተነጠፈበት የእግረኛ መንገድ

a koti strati abra presi
የእግረኛ መሻገሪያ

a doti kisi
የቆሻሻ ማጠራቀሚያ

a tinpasi
ማቋረጫ

a faya
የትራፊክ መብራቶች

a kampu
ጎጆ

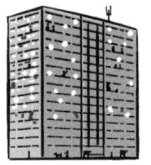

a oso
አፓርታማ

a lokopresi
የባቡር ጣቢያ

a foto oso
የከተማ አዳራሽ

a museum
ቤተ መዘክር

a skoro
ትምህርት ቤት

a foto - ከተማ

a unifersiteit
ዩኒቨርስቲ

a bangi
ባንክ

a ati oso
ሆስፒታል

a hotel
ሆቴል

a apteiki
መድሐኒት ቤት

a kantoro
ቢሮ

a buku winkri
መፅሐፍ መሸጫ

a wenkri
ሱቅ

a bromki winkri
የአበባ መሸጫ

a wenkri
የሸቀጣ ሸቀጥ መደብር

a wowoyo
ገበያ ስፍራ

a wowoyo
መደብር

a fisi seri man
የዓሳ ነጋዴ

a bigi wenkri
የገበያ ማዕከል

a lanpresi
ወደብ

a foto - ከተማ

a park
መናፈሻ ቦታ

a bangi
አግዳሚ ወንበር

a broki
ድልድይ

a trapu
ደረጃዎች

a fatyawagi
ዉስጥ ለዉስጥ

a ondrogron-strati
ዋሻ

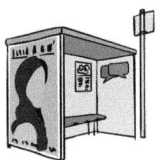
a bushalte
የአዉቶቡስ ፌርማታ

a bar
ባር

a restaurant
ምግብ ቤት

a brifibus
የፖስታ ሳጥን

a strati nen marki
የመንገድ ምልክት

a parkeer marki
የመኪና ማቆሚያ ሒሳብ የሚያሰላ ማሽን

a meti dyari
የደር እንስሳት ማቆያ

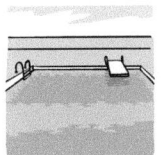
a swen presi
የመዋኛ ገንዳ

a gado-oso
መስጊድ

a foto - ከተማ

a burugron

እርሻ

a doti sani

የሚበክል ነገር

a berpe

መቃብር ስፍራ

a kerki

ቤተ ክርስቲያን

a prei presi

መጫወቻ ሜዳ

a gado-oso

ቤተ መቅደስ

# a landschap

## መልከዓምድር

a wiwiri
ቅጠል
a pasi marki
የመንገድ ላይ ምልክት
a pasi
መንገድ
a wei
አረንጓዴ መስክ
a ston
ድንጋይ
a koiri sma
በእግሩ የሚጓዝ
a bon
ዛፍ
a libi
ወንዝ
a grasi
ሳር
a bromki
አበባ

14 a landschap - መልከዓምድር

a lagi presi
ሸለቆ

a lebriki
ኮረብታ

a fisi-olo
ሀይቅ

a busi
ጫካ

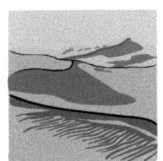

a dreisabana
በረሃ

a bergi
እሳተ ገሞራ

a ridder-oso
ግምብ

a alenbo
ቀስተ ዳመና

a todoprasoro
እንጉዳይ

a palmbon
የቴምብር ዛፍ/ ዘንባባ

a maskita
ቢንቢ/ የወባ ትንኝ

a freifrei
በራሪ

a mira
ጉንዳን

a waswasi
ንብ

a anansi
ሸረሪት

a landschap - መልከዓምድር 15

a asege

ጢንዚዛ

a todo

እንቁራሪት

a bonboni

ሽኮኮ

a agidya

ጃርት

a kon koni

ጥንቸል

a owru kuku

ጉጉት ወፍ

a fowru

ወፍ

a gansi

የዉሃ ዳክዬ

a werder agu

ከርከሮ

a dia

አጋዘን

a dia

አጋዘን

a dan

ግድብ

a winti miri

በነፋስ የሚሽከረከር

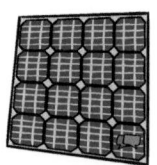

a son planga

የፀሀይ ፓኔሎ

a weer

አየር ንብረት

# a restaurant
## ምግብ ቤት

- a diniman — አስተናጋጅ
- a nyankarta — ማዉጫ
- a sturu — ወንበር
- a supu — ሾርባ
- a pissa — ፒዛ
- nefi nanga forku — መክተፊያ
- tafra duku — የጠረጴዛ ጨርቅ

a fesi nyanyan

የምግብ ፍላጎትን የሚከፍት ምግብ

a moro prenspari sortu nyan

ዋና ምግብ

a switi sani

ማጣጣሚያ ተከታይ ምግብ

a dringi

መጠጦች

a nyan

ምግብ

a batra

ጠርሙስ

a fastfood

ፈጣን ምግብ

strati nyanyan

የመንገድ ምግብ

a tépatu

የሻይ ማንቆርቆሪያ

sukru patu

የስኳር እቃ

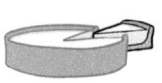

a krab'patu

ድርሻ

a espressomasyin

የቡና ማፊያ ማሽን

a pikin sturu

ባለጌ ወንበር

a borgu

የክፍያ ደረሰኝ

a brakri

ትሪ

a nefi

ቢላዋ

a forku

ሹካ

a spun

ማንኪያ

a téspun

የሻይ ማንኪያ

a servet

ልብስ ምግብ እንዳይነካ የሚረዳ ጨርቅ

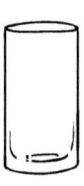

a grasi

ብርጭቆ

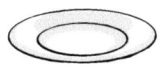

a preti
ዝርግ ሰሀን

a supu preti
የሾርባ ጎድጓዳ ሰሀን

a skotriki
የስኒ ማስቀመጫ

a sowsu
ማጣፈጫ ስጎ

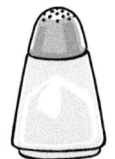

a sowtupatu
የጨዉ እቃ

a pepre miri
የተፈጨ ቃሪያ

a asin
ኮምጣጤ

a oli
የምግብ ዘይት

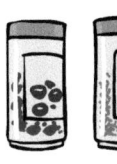

den specerij
ቀመማ ቅመሞች

a ketchup
የቲማቲም ድልህ

a mosterd
ሰናፍጭ

a mayonaise
ማዮኒዝ

a restaurant - ምግብ ቤት

# a wenkri

## የሸቀጣ ሸቀጥ መደብር

a pristerie
ልዩ አቅራቦት
a bayman
ደምበኛ
den merki sani
የወተት ተዋፅዖ
a froktu
ፍራፍሬ
a wenkri wagi
ባለ ጎማ የእጅ ጋሪ

a srakti-oso

ሉካንዳ ነጋዴ

a bakri-oso

መጋገርያ

wegi

ክብደት መመዘን

a gruntu

ቅጠላ ቅጠል አትክልት

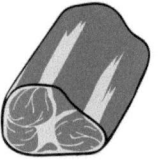

a meti

ስጋ

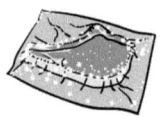

den ijskasi sani

የቀዘቀዘ/የረጋ ምግብ

a kowru meti

ቀዝቃዛ ቁራጭ

a blik nyan

የታሸገ ምግብ

a wasi sani

የማጠቢያ ዱቄት

a switi sani

ጣፋጮች

den oso sani

የቤት ዉስጥ ዉጤቶች

a sani fu krin

የፅዳት ምርቶች

a seri sma

የሽያጭ ባለሙያ

a kas

የገንዘብ መመዝቢያ ማሽን

a kasman

የሒሳብ ሰራተኛ

a bai marki

የግዢ ዝርዝር

den opo yuru

ክፍት ሰዓታት

a portmoni

የኪስ ቦርሳ

a kreditkarta

ክሬዲት ካርድ

a tas

ቦርሳ

a plastik saka

የፕላስቲክ ቦርሳ

# a dringi
## መጠጦች

a watra
ውሃ

a sap
ጭማቂ

a merki
ወተት

a kola
ኮካ-ኮላ

a win
ወይን

a biri
ቢራ

a sopi
አልኮል

a skrati
ኮካ

a té
ሻይ

a kofi
ቡና

a espresso
የተፈላ ቡና

a kappuccino
ካፑቺኖ

# a nyan

## ምግብ

a bakba

ሙዝ

a apra

ፖም

a apresina

ብርቱካን

a watramun

ሀብሀብ

a sitrun

ሎሚ

a rutu

ካሮት

a konofroku

ነጭ ሽንኩርት

a bambu

ሸምበቆ

a aiun

ቀይ ሽንኩርት

den todoprasoro

እንጉዳይ

den noto

ለዉዝ

a pasta

የህፃናት ምግብ

a spaghetti

ፓስታ

a alesi

ሩዝ

a salade

ሰላጣ

a patata

የድንች ጥብስ

den baka patata

ድንች ጥብስ

a pissa

ፒዛ

a burger

ዳቦ ዉስጥ በስሱ ተጠብሶ የገባ ስጋ

a brede

ሳንድዊች

a schnitsel

ጥሬ ስጋ

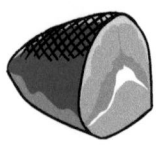

a ameti

የአሳማ ስጋ

a salami

በቅመምና በጨዉ የታሸ ምግብ ቀዝቅዞ የሚበላ ሾርባ ምግብ

a worst

ቋሊማ

a kafowru

ዶሮ

a bakadina

ጥብስ

a fisi

አሳ

a nyan - ምግብ

a hafermout

..................

የአጃ ገንፎ

a muesli

..................

ከወተት ጋር ተደባልቀዉ የሚበሉ ምግቦች

den karuflakes

..................

የበቆሎ ቅርፊት

a blon

..................

ዱቄት

a croissant

..................

ኩራሳ

den brede

..................

ድብልብል ዳቦ

a brede

..................

ዳቦ

a baka brede

..................

መጥበስ

a buskutu

..................

ብስኩት

a botro

..................

ቅቤ

a kwark

..................

እርጎ

a kuku

..................

ኬክ

a eksi

..................

እንቁላል

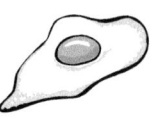

a baka eksi

..................

እንቁላል ጥብስ

a kasi

..................

አይብ

| a ice-cream | a sukru | a oni |
|---|---|---|
| የበረዶ ክሬም | ስኳር | ማር |

| a jam | a sukruskrati pasta | a kerrie |
|---|---|---|
| ማርማላት | የተናጠ የወተት ክሬም | ማጣፈጫ |

# a burugron
# እርሻ

a wroko gron presi
የገበሬ ቤት

a maksin
የእህልና የከብት ማቀመጫ ቤት

a asi
ፈረስ

a grasi bergi
የጭድ ክምር

a gron
ሜዳ

a aanhangwagi
ተሳቢ መኪና

a pikin asi
የፈረስ ዉርንጭላ

a traktor
የእርሻ መኪና

a buriki
አህያ

a pikin skapu
የበግ ጠቦት

a skapu
በግ

a krabita
ፍየል

a kaw
ላም

a pikin kaw
ጥጃ

a agu
አሳማ

a pikin agu
ግልገል አሳማ

a burkaw
ኮርማ

a gansi

ዝይ

a doksi

ዳክዬ

a pikin fowru

የዶሮ ጫጩት

a fowru

ዶር

a kakafowru

አዉራ ዶሮ

a alata

አይጥ

a puspusi

ደድመት

a moismoisi

አይጥ

a burkaw

በሬ

a dagu

ዉሻ

a dagu pen

የዉሻ ቤት

a tuinslang

የአትክልት ቦታ

a watra kan

ዉሃ ማጠጫ ባልዲ

a nefi

ረጅም ማጭድ

a pluga

ማረሻ

a burugron - እርሻ

a babun-nefi

ማጭድ

a tyapu

መኮትኮቻ

a forku

የእህል መንሽ

a beyri

መጥረቢያ

a kroiwagi

ኩርኩር/ የእጅ ጋሪ

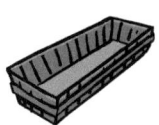

a baki

ገንዳ

a merki kan

የወተት ዕቃ

a saka

ጆንያ ከረጢት

a skotu

አጥር

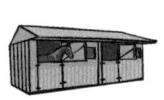

a pen

የፈረስ ጋጣ

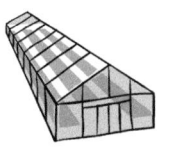

a grun kasi

ዕፅዋት ማሳደጊያ የመስታዉት ቤት

a gron

አፈር

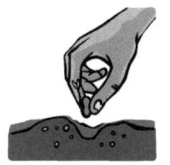

a siri

ዘር

a doti

የመሬት ማዳበሪያ

a maaidorser

ጥምር ማረሻ

a burugron - እርሻ

koti

አዝመራ መሰብሰብ

a nyanyan

አዝመራ

a yami

ድንች

a aleisi

ስንዴ

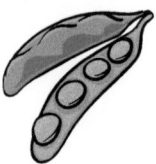

a soja

ሶያ

a patata

ድንች

a karu

በቆሎ

a koro siri

የከብት መኖ

a froktu bon

የፍሬ ዛፍ

a kasaba

የካሳቫ ዛፍ

den siri

እህል

a burugron - እርሻ

# a oso
## ቤት

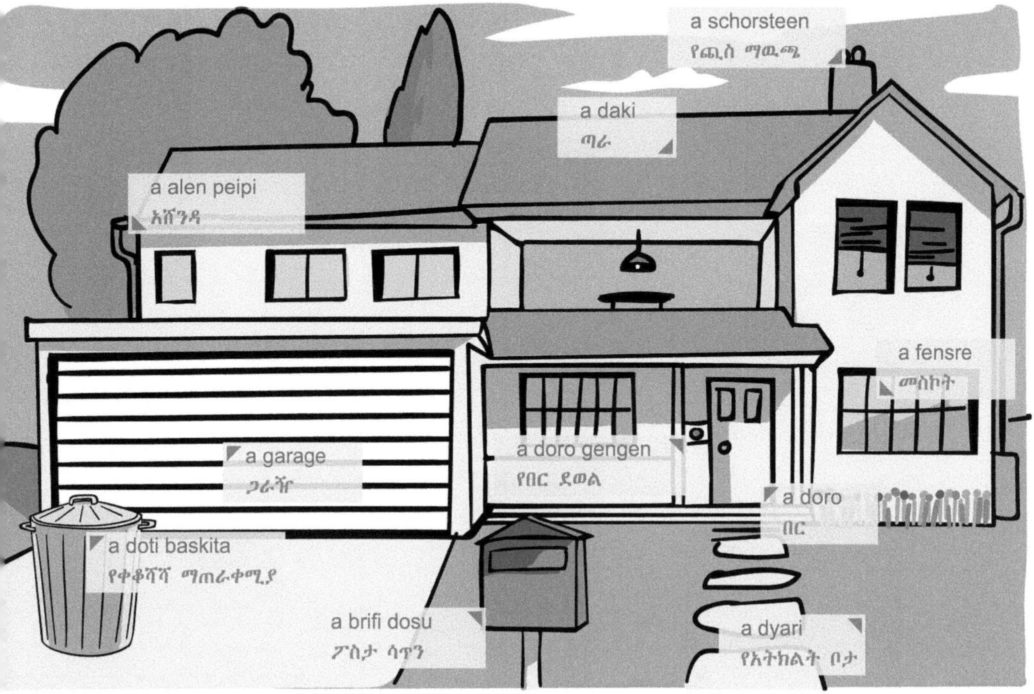

a schorsteen
የጪስ ማዉጫ
a daki
ጣራ
a alen peipi
አሸንዳ
a fensre
መስኮት
a garage
ጋራዥ
a doro gengen
የበር ደወል
a doro
በር
a doti baskita
የቆሻሻ ማጠራቀሚያ
a brifi dosu
ፖስታ ሳጥን
a dyari
የአትክልት ቦታ

a foroisi

ሳሎን

a was oso

መታጠቢያ ቤት

a botrali

ማድቤት

a sribikamra

መኝታ ቤት

a pikin kamra

የልጅ ክፍል

a nyanyan kamra

መመገቢያ ክፍል

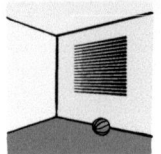

a gron

ወለል

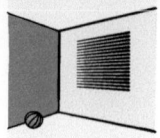

a skotu

ግድግዳ

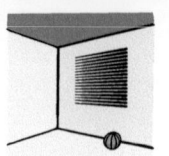

a plafon

ጣሪያ

a kedre

ምድር ቤት

a sauna

በእንፋሎት ሙቀት መታጠቢያ ቤት

a barkon

ሰገነት

a terras

ከፍ ያለ መደብ

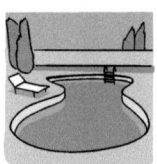

a swen presi

የመዋኛ ገንዳ

a waimasyin

የማጨጃ መኪና

a sribikrosi

አንሶላ

a sribikrosi

የአልጋ ልብስ

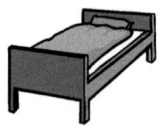

a bedi

አልጋ

a sisibi

መጥረጊያ

a embre

ባልዲ

a san fu leti faya

ማብሪያና ማጥፊያ

# a foroisi
## ሳሎን

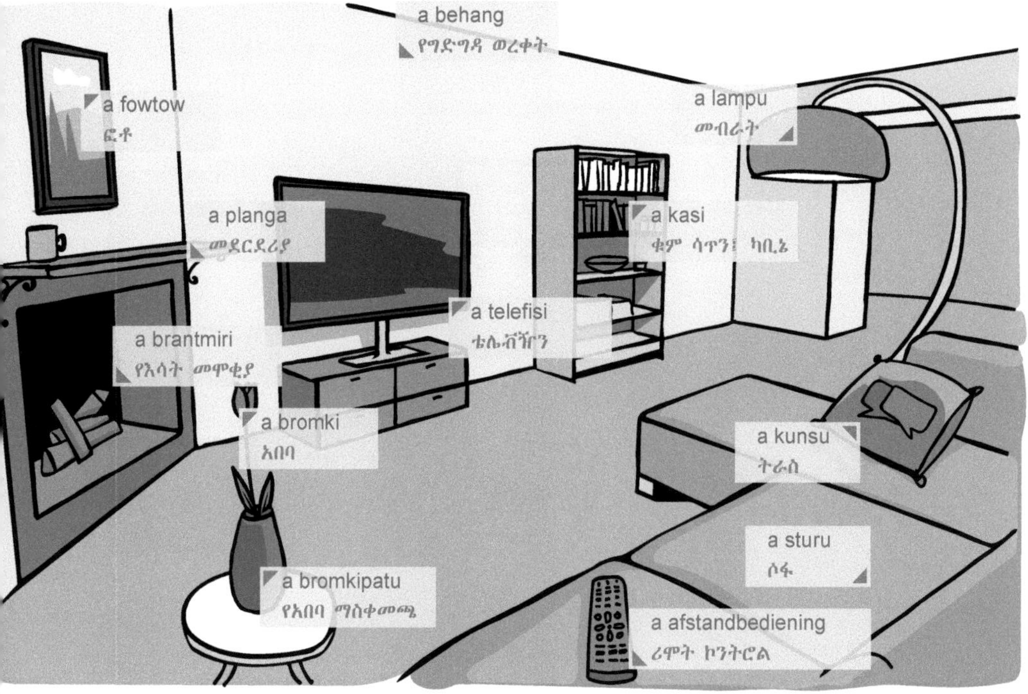

- a behang — የግድግዳ ወረቀት
- a fowtow — ፎቶ
- a lampu — መብራት
- a planga — መደርደሪያ
- a kasi — ቁም ሳጥን፣ ካቢኔ
- a brantmiri — የእሳት መሞቂያ
- a telefisi — ቴሌቪዥን
- a bromki — አበባ
- a kunsu — ትራስ
- a bromkipatu — የአበባ ማስቀመጫ
- a sturu — ሶፋ
- a afstandbediening — ሪሞት ኮንትሮል

a matamata
ንጣፍ

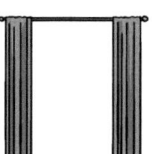

a garden
መጋረጃ

a tafra
ጠረጴዛ

a sturu
ወንበር

a boboisturu
ተወዛዋዥ ወንበር

a sturu
ባለመደገፊያ ወንበር

a buku

መጽሐፍ

a tapun

ብርድ ልብስ

a pranpran

ጌጥ

a udu

ማገዶ

a kino

ፊልም

a stereo-installatie

የሙዚቃ መማጫወቻ

a sroto

ቁልፍ

a koranti

ጋዜጣ

a skedrei

ስዕል

a poster

የተለጠፈ ማስታወቂያ እንደ ስዕል

a konkrudosu

ራዲዮ

a skrifi buku

ማስታወሻ ደብተር

a stofsuiger

የአየር ማፅጃ ለምንጣፍ

a kaktus

ቁልቋል

a kandra

ሻማ

a foroisi - ሳሎን

# a botrali
# ማድቤት

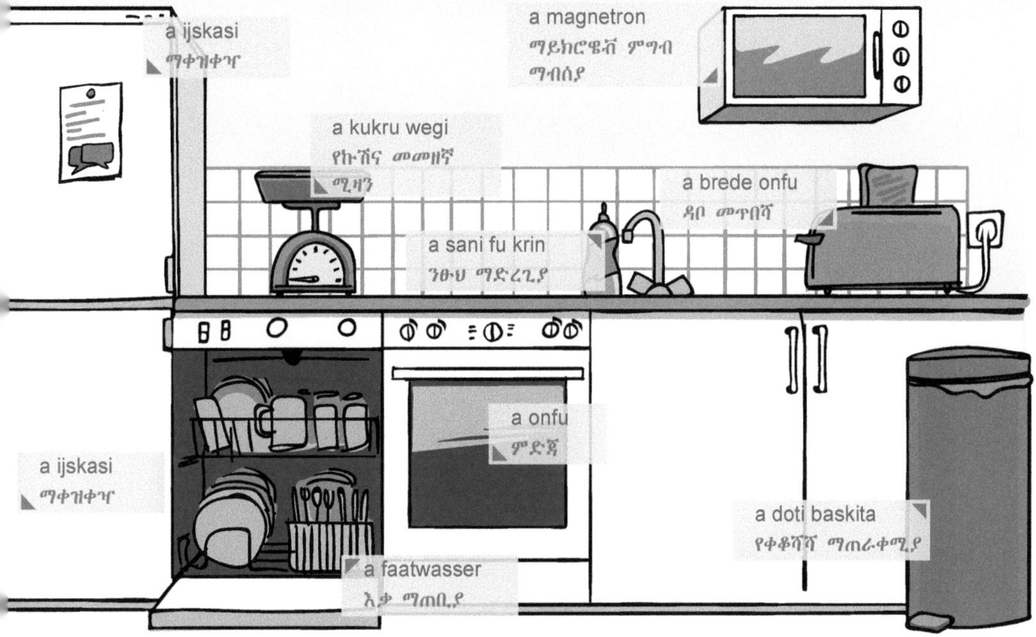

- a ijskasi — ማቀዝቀዣ
- a magnetron — ማይክሮዌቭ ምግብ ማብሰያ
- a kukru wegi — የኩሽና መመዘኛ ሚዛን
- a brede onfu — ዳቦ መጥበሻ
- a sani fu krin — ንፁህ ማድረጊያ
- a onfu — ምድጃ
- a ijskasi — ማቀዝቀዣ
- a doti baskita — የቆሻሻ ማጠራቀሚያ
- a faatwasser — እቃ ማጠቢያ

a onfu
ምግብ አብሳይ

a patu
ማሰሮ

a isri patu
የብረት ማሰሮ

a wok / kadai
ምግብ ማብሰያ ዝርግ ድስት

a pan
የምግብ መጥበሻ

a ketre
ማንቆርቆሪያ

a botrali - ማድቤት    35

a dampupatu

የእንፋሎት ማብሰያ

a baka preti

የመጋገሪያ ትሪ

den tafra-sani

ሰብስቦች

a kan

ትልቅ ኩባያ

a koba

ጎድጓዳ ሳህን

den nyantiki

ቾፕስቲክስ

a supu spun

ጭልፋ

a spatel

መሰቅሰቂያ ዝርግ ማንኪያ

a klutser

ማደባለቂያ

a fergiet

መወጠሪያ

a dorodoro

ወንፊት

a gritigriti

መፈርፈሪያ መሳሪያ

a mortier

ሲሚንቶ

a barbakoto

የፍም ጥብስ

a faya presi

የተለቀቀ እሳት

a koti planga

መክተፊያ

a blon lolo

ተንሸራታች መርፌ

a korkutreki

የጠርሙስ መክፈቻ

a tromu

ጣሳ

a knefi fu opo blik

የጣሳ መክፈቻ

a patu duku

የማሰሮ መሸፈኛ

a wasibaki

ሳህን ማጠቢያ

a bosro

ብሩሽ

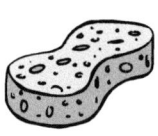

a sponsu

ስፖንጅ

a blender

መደባለቂያ መሳሪያ

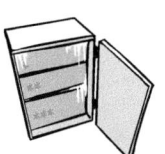

a ijskasi

በጣም ማቀዝቀዣ

a beibi batra

ጡጦ

a kran

ቧንቧ

# a was oso

## መታጠቢያ ቤት

a faya
ማሞቂያ
a douche
መታጠቢያ
a wasduku
ፎጣ
a douche garden
የመታጠቢያ ቤት መጋረጃ
a bubbel wasi
የአረፋ መታጠቢያ
a badkuip
የመታጠቢያ ገንዳ
a grasi
ብርጭቆ
a wasmasyin
የልብስ ማጠቢያ
a kran
ቧንቧ
den tegel
ማዕዘን ወለል
a pisi patu
ፖፖ
a wasibaki
ሳህን ማጠቢያ

a kumakoisi

ሽንት ቤት

a kumakoisi

የሽንት ቤት መቀመጫ

a bidet

ሳፋ

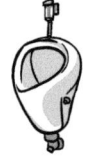

a pisi presi

የመንገድ ዳር መሽኛ

a kumakoisi papira

የሽንት ቤት ወረቀት

a kumakoisi bosro

የሽንት ቤት ማፅጃ ብሩሽ

38 a was oso - መታጠቢያ ቤት

a tifi bosro

..................

የጥርስ ብሩሽ

a tandpasta

..................

የጥርስ ሳሙና

a floss

..................

የጥርስ ማፅጃ ክር

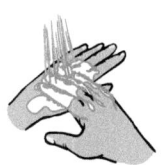

wasi

..................

መታጠብ

a douche

..................

የእጅ መታጠቢያ

a kumakoisi douche

..................

መታጠቢያ

a was koba

..................

ጎድጓዳ ሳህን

a baka bosro

..................

የጀርባ ብሩሽ

a sopo

..................

ሳሙና

a douchegel

..................

የመታጠቢያ የሚዝለገለግ ሳሙና

a sopo

..................

የፀጉር መታጠቢያ ሳሙና

a was krosi

..................

ለስላሳ ጨርቅ

a afvoer

..................

ፍሳሽ

a krème

..................

ክሬም

a okselstik

..................

ጠረን መቀየሪያ ንጥረ ነገር

a spikri
መስታወት

a moimoi fu fesi spikri
የእጅ መስታወት

a sebinefi
ምላጭ

a sebiskuma
የመላጫ አረፋ

a aftershave
ከመላጨት በኋላ የሚቀባ ሽቱ

a kankan
ማበጠሪያ

a bosro
ብሩሽ

a wiri drei masyin
የፀጉር ማድረቂያ

a wirispray
በፀጉር ላይ የሚነፋ

a moimoi fu fesi
የፊት መቀባቢያ

a lippenstift
የከንፈር ቀለም

a nangra ferfi
የጥፍር ቀለም

den katun
የጥጥ ሱፍ

a nangra sey
ጥፍር መቁረጫ

a switi smeri
ሽቶ

a tas gi krin sani

ማጠቢያ ባልዲ

a kroku

መቀመጫ

a wegi

ሚዛን

a was dyaki

የመታጠቢያ ልብስ

den handschoen fu krin

የላስቲክ ጓንት

a tampon

ሞዴስ

a munduku

የፅዳት ፎጣ

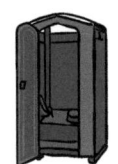

a kumakoisi

የሽንት ቤት ኬሚካል

a was oso  -  መታጠቢያ ቤት

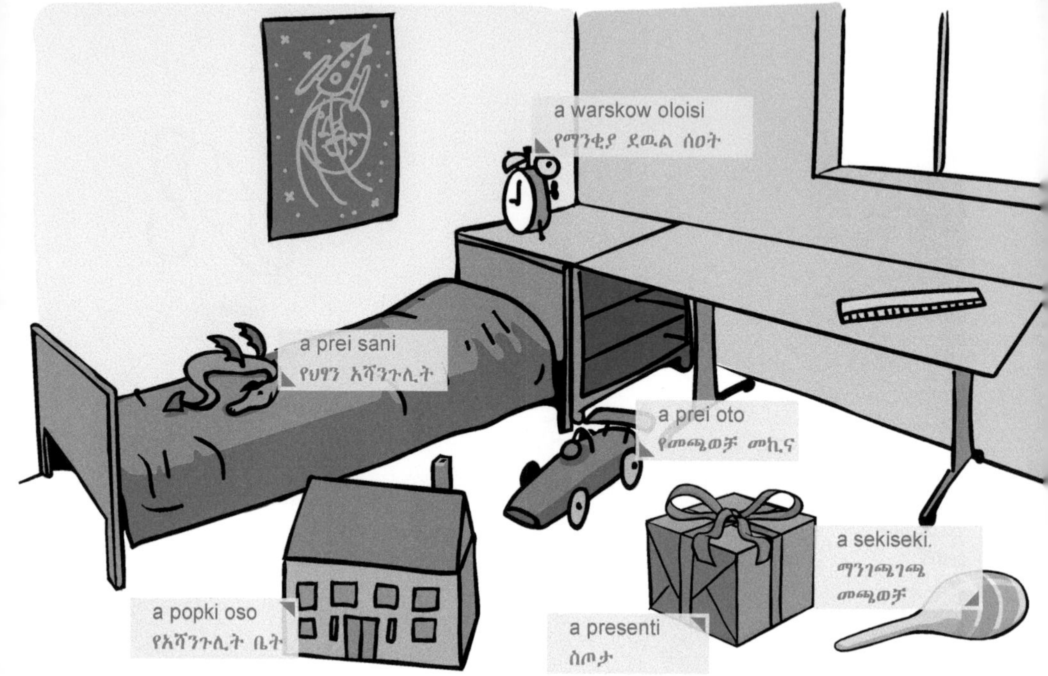

# a pikin kamra
## የልጅ ክፍል

a warskow oloisi
የማንቂያ ደዉል ሰዓት

a prei sani
የህፃን አሻንጉሊት

a prei oto
የመጫወቻ መኪና

a sekiseki.
ማንጫገጫ መጫወቻ

a popki oso
የአሻንጉሊት ቤት

a presenti
ስጦታ

a ballon
ፊኛ

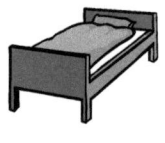

a bedi
አልጋ

a beibiwagi
የህፃን ማንሸራሸሪያ ጋሪ

a paki karta
የካርታ መጫወቻ

a laytori
ቁርጥራጭ ምስሎችን የማገጣጠም እና ምስል የማግኛት ጨዋታ

a strip torie
አዝናኝ

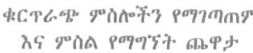

a pikin kamra - የልጅ ክፍል

den lego ston

..................

ተገጣጣሚ መጫወቻ

den prei sani

..................

የመጫወቻ መገጣጠሚያዎች

a aktiefiguurtje

..................

የድርጊት ምስል

a beibikrosi

..................

የህፃን እድገት

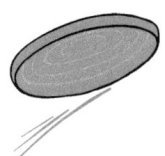

a frisbee

..................

የፕላስቲክ መጫወቻ ዝርግ ሰሀን

a mobile

..................

ተወዛዋዥ የህፃን ማጫወቻ

a prei tapu bord

..................

የሰሌዳ ጨዋታ

a prei ston

..................

የመጫወቻ ጠጠር

a prei sani loko

..................

የመጫወቻ ባቡር

a bobimofo

..................

የእንጀራ እናት ጡጦ

a fesa

..................

ድግስ

a prenki buku

..................

የስዕል መፅሀፍ

a bal

..................

ኳስ

a popki

..................

አሻንጉሊት

prei

..................

መጫወት

a santi baki

የአሸዋ መጫወቻ

a boboisturu

ዥዋዥዌ

den preisani

መጫወቻዎች

a prei komputer

የቪዲዮ መጫወቻ

a baysigri

ባለ ሶስት ጎማ ብስክሌት

a prei sani

የአሻንጉሊት ድብ

a krosikasi

ቁምሳጥን

# a krosi

# አልባሳት

den kowsu

ካልሲዎች

den kowsu

ስቶኪንጎች

a kowsu

ታይት

den susu

ነጠላ ጫማዎች

den susu

ጫማዎች

a buta

የዝናብ ቡትስ

a jockey

ሙታንታ

a bh

ጡት መያዣ

a kamsoro

ሰደርያ

a skin

ሰዉነት

a bruku

ሱሪዎች

a jeansbruku

ጅንስ

a koto

ጉርድ ቀሚስ

a blus

ሸሚዝ

a empi

ሸሚዝ

a empi

የሚጠለቅ ሹራብ

a dyaki

ሹራብ

a djakti

ዩኒፎርም ጃኬት

a dyakti

ጃኬት

a alendyakti

ኮት

a alendyakti

የዝናብ ኮት

a paki

ልብስ

a yapon

ቀሚስ

a trowyapon

የሙሽራ ቀሚስ

a paki

ሱፍ

a sribikrosi

የለሊት ልብስ

a sribikrosi

የለሊት ልብስ

a sari

ረጅም ቀሚስ

a angisa

ሂጃብ

a tulband

ጥምጣም

a burka

ቡርቃ

a kaftan

ሽርጥ

a abaya

አባያ

a swenkrosi

የዋና ልብስ

a swenbruku

አጭር ቁምጣ

a syatu bruku

ቁምጣዎች

a training paki

የስራ ቱታ

a feskoki

ሽርጥ

a handschoen

ጓንት

a knopo

ቁልፍ

a aygrasi

መነፅር

a anubuy

አምባር

a keti

የአንገት ሀብል

a linga

ቀለበት

a yesilinga

የጆሮ ጌጥ

a ati

ኮፍያ

a krosi anga

የኮት መስቀያ

a ati

ኮፍያ

a tay

ከረቫት

a rits

ዚፕ

a feti musu

የብረት ቆብ

a bretel

መደገፊያ

a sem skoro krosi

የትምህርት ቤት የደንብ ልብስ

a sem krosi

የደንብ ልብስ

a slabbetje

መሃረብ

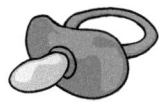

a bobimofo

የእንጀራ እናት ጡጦ

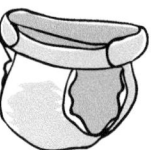

a pisiduku

ሽንት ጨርቅ

## a kantoro
### ቢሮ

- a server — ማሰራጫ ጣቢያ
- a archief kasi — የፋይል መደርደሪያ ካቢኔ
- a printer — የህትመት መሳሪያ
- a monitor — መቆጣጠሪያ
- a papira — ወረቀት
- a tafra — መፃፊያ ጠረጴዛ
- a moisi — ማዉዝ
- a map — ማህደር
- a keyboard — የመፃፊያ ቁልፎች
- a doti embre — የቆሻሻ ወረቀት መጣያ ቅርጫት
- a komputer — ኮምፒዉተር
- a sturu — ወንበር

a kofi kan

የቡና መጠጫ ትልቅ ኩባያ

a kalkulator

ማስሊያ ማሽን

a internet

ኢንተርኔት

| | | |
|---|---|---|
| | | |
| a laptop<br>ላፕቶፕ | a brifi<br>ደብዳቤ | a boskopu<br>መልዕክት |
| | | |
| a konkrutitei<br>ተንቀሳቃሽ ስልክ | a neti<br>የግንኙነት አዉታር | a kopi masyin<br>ማባዣ ማሽን |
| | | |
| a software<br>ሶፍትዌር | a konkrutitei<br>ስልክ | a stopkontakt<br>የግድግዳ ሶኬት |
| | | |
| a fax masyin<br>የፋክስ ማሽን | a formulier<br>ቅፅ | a papira<br>ሰነድ |

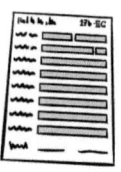

# a ekonomia
## ኢኮኖሚ

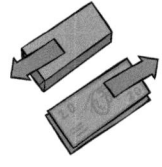
bai
መግዛት

pai
መክፈል

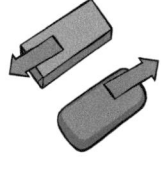
du
መነገድ

a moni
ገንዘብ

a dollar
ዶላር

a euro
ዩሮ

a yen
የን

a rubel
ሩብል

a frank
የስዊዝ ፍራንክ

a renminbi yuan
ሬንሚንቢ ዩዋን

a rupie
ሩጲ

a monimasyin
የገንዘብ ነጥብ

a ekonomia - ኢኮኖሚ 51

a kenki kantoro

የዉጭ ገንዘብ ምንዛሪ ቢሮ

a gowtu

ወርቅ

a solfru

ብር

a oli

ዘ ት

a krakti

ሀ ል፤ ጉልበት

a prijs

ዋጋ

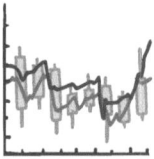

a kontrakti

ግንኙነት

a lantimoni

ቀረጥ

a pisi

አክስዮን

wroko

መስራት

a wrokoman

ተቀጣሪ

a wrokobasi

ቀጣሪ

a fabrik

ፋብሪካ

a wenkri

ሱቅ

den kari
የስራ ሙያዎች

a brandweerman
የእሳት አደጋ ሰራተኛ
a skowtu
የፖሊስ አዛዥ
a boriman
ምግብ አብሳይ
a datra
ዶክተር
a piloot
አብራሪ

a djariman

አትክልተኛ

a temreman

አናጢ

a modist

ልብስ ሰፊ ሴት

a krutubasi

ዳኛ

a scheikunde sma

ማሚ

a akteur

ተዋናይ

den kari - የስራ ሙያዎች 53

a bus sjafeur
የአዉቶቢስ ሹፌር

a taximan
የታክሲ ሹፌር

a fisiman
አሳ አጥማጅ

a krinsma
ፅዳት ሰራተኛ

a dakitapu man
የጣራ ሰራተኛ

a diniman
አስተናጋጅ

a ontiman
አዳኝ

a ferfiman
ሰዓሊ

a bakriman
ጋጋሪ

a elektrikman
የኤሌትሪክ ሰራተኛ

a bow-wroko man
ገምቢ

a ensjinoru
መሃሃዲስ

a sraktiman
ልኳንዳ

a loodgieter
የቧንቧ ሰራተኛ

a postbode
የፖስታ ሰራተኛ

den kari - የስራ ሙያዎች

a srudati

ወታደር

a architekt

መሃንዲስ

a kasman

የሒሳብ ሰራተኛ

a bromkisma

አበባ ሻጭ

a seti sma wiri man

የፀጉር ሰራተኛ

a kondukteur

ቲኬት ቆራጭ

a monteur

መካኒክ

a kapten

ካፒቴን

a tifidatra

የጥርስ ሐኪም

a sabiman

ተመራማሪ

a Dyu domri

መምህር

a Moslim domri

የሙስሊም ሃይማኖታዊ መሪ

a moniki

መነኩሴ

a priester

ካህን

# a wrokosani

## መሳሪያዎች

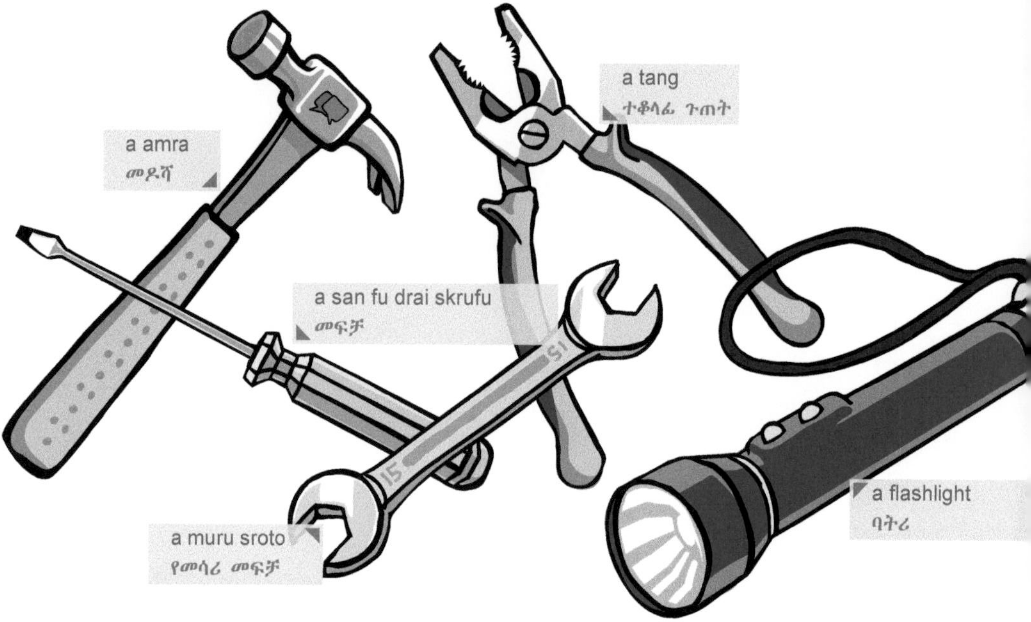

a amra
መዶሻ
a tang
ተቆላፊ ጉጠት
a san fu drai skrufu
መፍቻ
a muru sroto
a flashlight
ባትሪ

a dikimasyin

በቁፋሮ የሚዝቅ

a wrokosani kisi

የመፍቻ ሳጥን

a trapu

መሰላል

a sa

መጋዝ

den spikri

ምስማር

a boro

መሰርሰሪያ

meki

መጠገን

a skepi

አካፋ

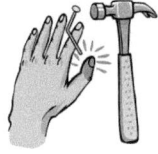

Baya!

የተረገመ!

a stofblik

ቆሻሻ ማፈሻ

a ferfi patu

የቀለም ቆርቆሮ

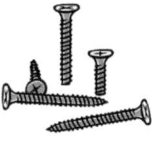

den skrufu

ብሎን

# den poku sani

## የሙዚቃ መሳሪያዎች

a boskopu barbari sani
የድምፅ ማጉያ መሳርያ
a dronstel
የከበሮ መሳሪያዎች
a gitara
ክራር መሰል የሙዚቃ መሳሪያ
a kontra bas
ድርብ ቤዝ ጊታር
a tronpèti
የትንፋሽ ሙዚቃ መሳሪያ

den poku sani - የሙዚቃ መሳሪያዎች 57

a piano

ፒያኖ

a finyoro

ቫዮሊን

a bas

ወፍራም፤ ጎርናና ድምፅ ያለዉ ክራር መሰል ሙዚቃ መሳሪያ

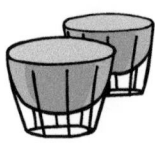

a pauk

ነጋሪት

a dron

ከበሮ

a keyboard

በኤሌክትሪክ የሚሰራ ፒኖ

a saxofon

የትንፋሽ ሙዚቃ መሳሪያ

a froiti

ዋሽንት

a mikrofon

የድምፅ ማጉያ

# a meti dyari
## የደር እንስሳት ማቆያ

- a mofodoro — ጋቢያ
- a tigri — ነብር
- a pen — ሳጥን
- a sabanaburiki — የሜዳ አህያ
- a meti nyan — የእንስሳ ምግብ
- a panda — ትልቅ ድብ

den meti

እንስሳቶች

a asaw

ዝሆን

a kangeru

ካንጋሮ

a neushoorn

አዉራሪስ

a gorilla

ትልቅ ዝንጀሮ

a beer

ድብ

a kameri

ግመል

a stroisifowru

ሰጎን

a lew

አንበሳ

a monki

ጦጣ

a korikori

ቅልጥመ ረዥም ወፍ

a popokai

በቀቀን

a ijsbeer

የወዋልታ ድብ

a pinguïn

የዋልታ ወፎች

a sarki

ረጅም ጥርሶች ያሉትአሳ ነባሪ

a prodokaka

ጣዎስ

a sneki

እባብ

a kaiman

አዞ

a sma san e sorgu meti

የዱር አራዊት የሚጠበቁበት ማቆያን የሚጠብቅ

a sedagu

አሳ በሊታ የባህር እንስሳ

a penitigri

የዱር ድመት

60 a meti dyari - የደር እንስሳት ማቆያ

a pikin asi

ድንክ ፈረስ

a penitigri

ነብር

a watrabofru

ጉማሬ

a giraf

ቀጭኔ

a aka

ንስር

a werder agu

ከርከሮ

a fisi

አሳ

a sekrepatu

የባህር ኤሊ

a walrus

የባህር አዉሬ

a sabanadagu

ቀበሮ

a dia

የሜዳ ፍየል፤ሚዳቋ

a meti dyari - የደር እንስሳት ማቆያ 61

# a sport

## የስፖርት አይነቶች

futubal

እግር ኳስ

badminton

ላበ ኳስ ጨዋታ

atletiek

ትሌቲክስ

anubal

እጅ ኳስ ስፖርት

skiën

በረዶ መንሸራተት ስፖርት

polo

ረስ ግልቢያ

# den aktifiteit
## እንቅስቃሴዎች

skrifi

መፃፍ

hari

መሳል

sori

ማሳየት

pusu

መግፋት

gi

መስጠት

teki

መዉሰድ

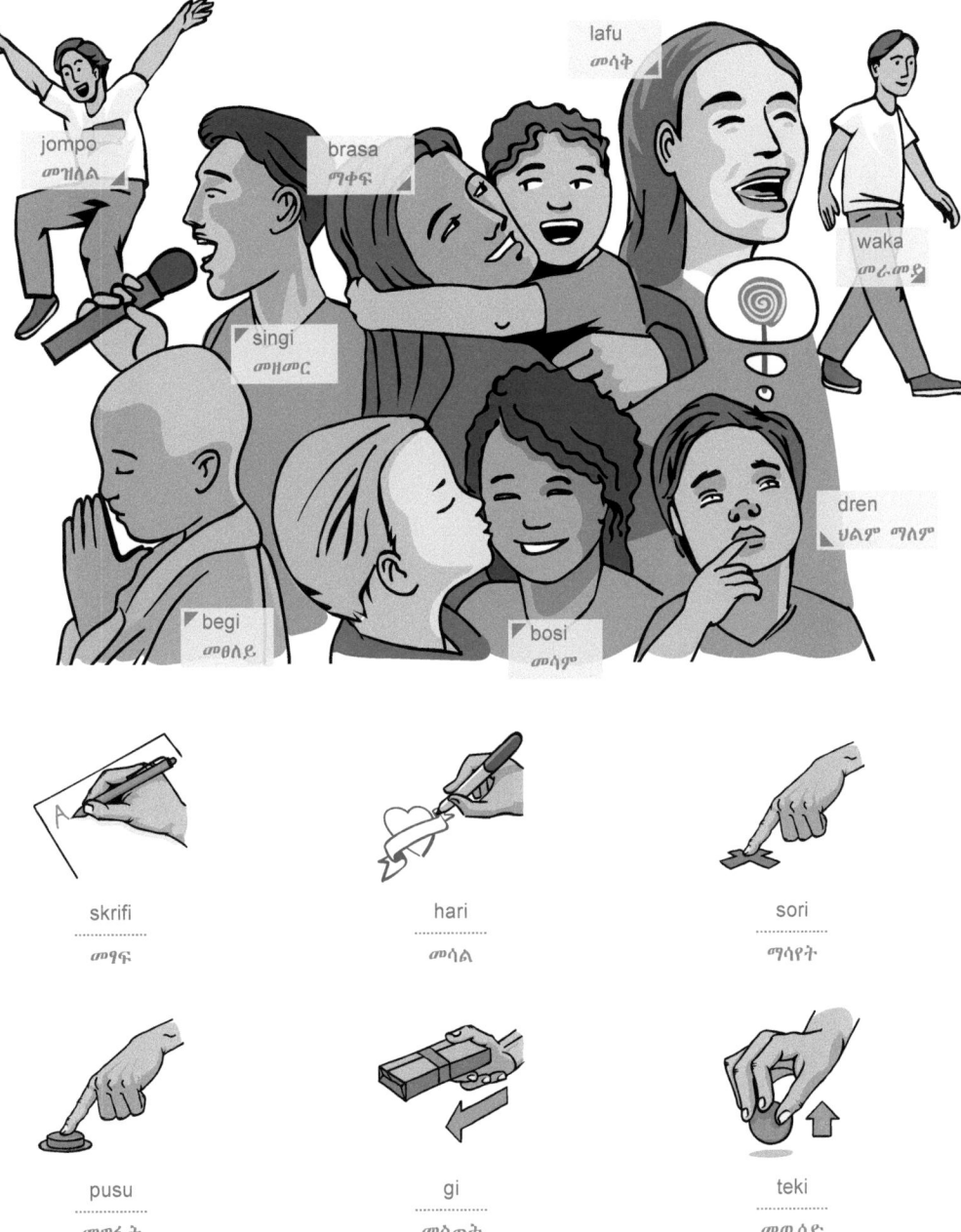

abi

...................

መያዝ

dati

...................

ማድረግ

de

...................

መሆን

tnapu

...................

መቆም

lon

...................

መሮጥ

hari

...................

መሳብ

trowe

...................

መወርወር

fadon

...................

መዉደቅ

lei

...................

መዋሸት

wakti

...................

መጠበቅ

tyari

...................

መሸከም

sidon

...................

መቀመጥ

weri

...................

መልበስ

sribi

...................

መተኛት

wiki

...................

መንቃት

luku

መመልከት

krei

ማልቀስ

korikori

መጫር

kan

ማበጠር

taki

ማውራት

ferstan

መረዳት

aksi

ጥያቄ

arki

ማዳመጥ

dringi

መጠጣት

nyanyan

መብላት

krin

ማንፃት

lobi

ማፍቀር

bori

ምግብ ማብሰል

rei

መንዳት

frei

መብረር

seiri

መርከብ መንዳት

teri

ቁጥሮችን ማስላት

lesi

ማንበብ

leri

መማር

wroko

መስራት

trow

ማግባት

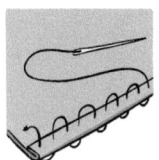

nai

መስፋት

krintifi

ጥርስ መቦረሽ

kiri

መግደል

smoko

ማጨስ

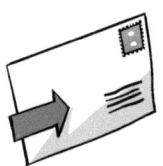

seni

መላክ

# a famiri
## ቤተሰብ

- a granmama — የሴት አያት
- a granpapa — የወንድ አያት
- a papa — አባት
- a mama — እናት
- a beibi — ህፃን
- a umapikin — ሴት ልጅ
- a manpikin — ወንድ ልጅ

a fisiti
እንግዳ

a tanta
አክስት

a omu
አጎት

a brada
ወንድም

a sisa
እህት

a famiri - ቤተሰብ

# a skin
## አካል

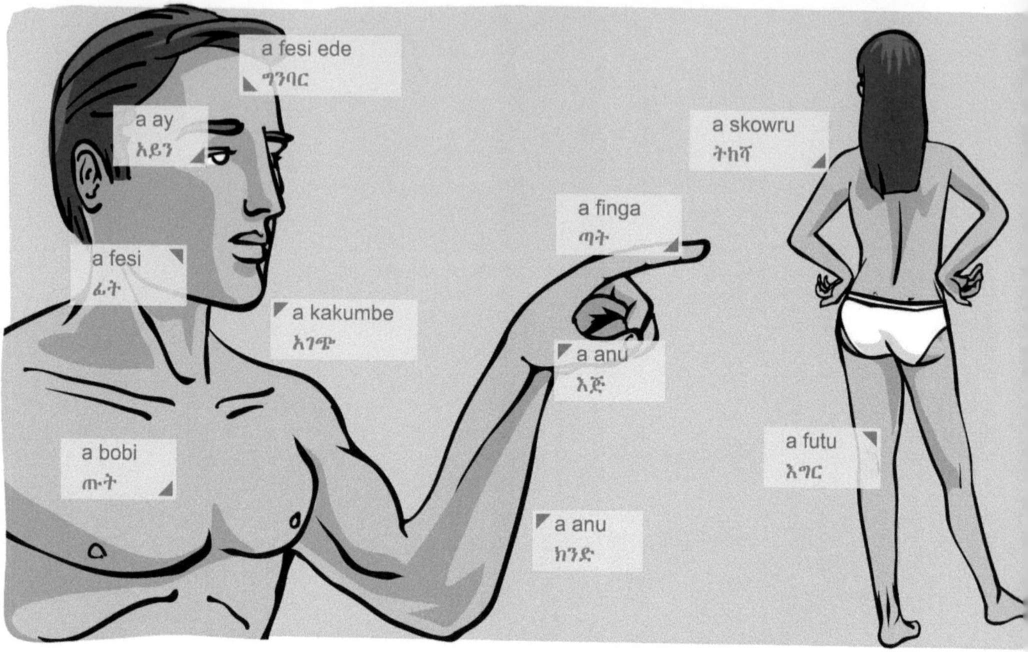

- a fesi ede — ግንባር
- a ay — አይን
- a skowru — ትከሻ
- a finga — ጣት
- a fesi — ፊት
- a kakumbe — አገጭ
- a anu — እጅ
- a bobi — ጡት
- a futu — እግር
- a anu — ክንድ

a beibi
ህፃን

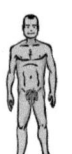
a man
ሰዉ

a uma
ሴት

a uma pikin
ልጃገረድ

a boi
ወንድ ልጅ

a ede
ራስ

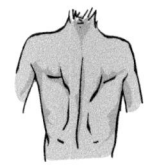

a baka
ጀርባ

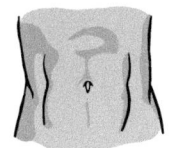

a bere
ሆድ

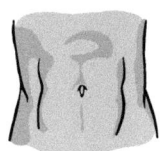

a kumba
እምብርት

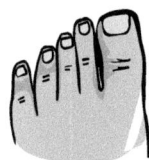

a futufinga
የእግር ጣት

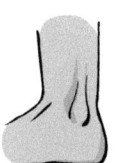

a bakafutu
ተረከዝ

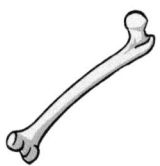

a bonyo
አጥንት

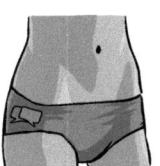

a djonku
ዳሌ

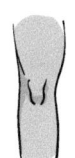

a kindi
ጉልበት

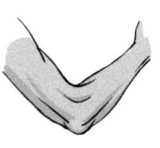

a baka anu
ክርን

a noso
አፍንጫ

a bakasei
ቂጥ

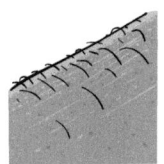

a skin
ቆዳ

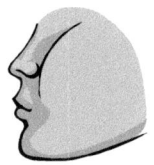

a seifesi
ጉንጭ

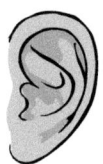

a yesi
ጆሮ

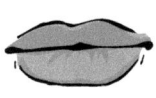

den mofobuba
ከንፈር

a skin - አካል

a mofo
አፍ

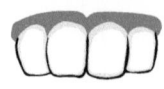

a tifi
ጥርስ

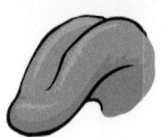

a tongo
ምላስ

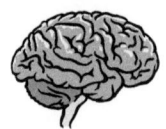

a ede tonton
አንጎል

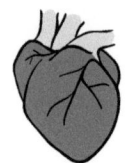

a ati
ልብ

a titei
ጡንቻ

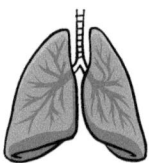

a fokofoko
ሳምባ

a lefre
ጉበት

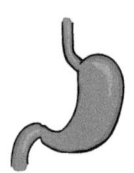

a bere
ሆድ

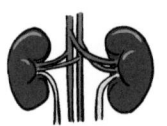

den niri
ኩላሊቶች

a freiri
የግብረስጋ ግንኙነት

a pipikowsu
ኮንዶም

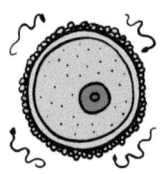

a eksi
የሴት እንቁላል

a siri
የዘር ፈሳሽ

a bere
እርግዝና

a skin - አካል

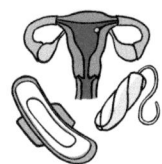
a munsiki
የወር አበባ

a umapresi
እምስ

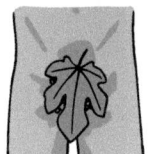
a toli
ቁላ

a tapu-ay-wiwiri
ቅንድብ

a wiwiri
ፀጉር

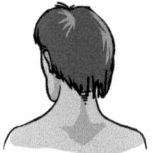
a neki
አንገት

a skin - አካል

# a ati oso
## ሆስፒታል

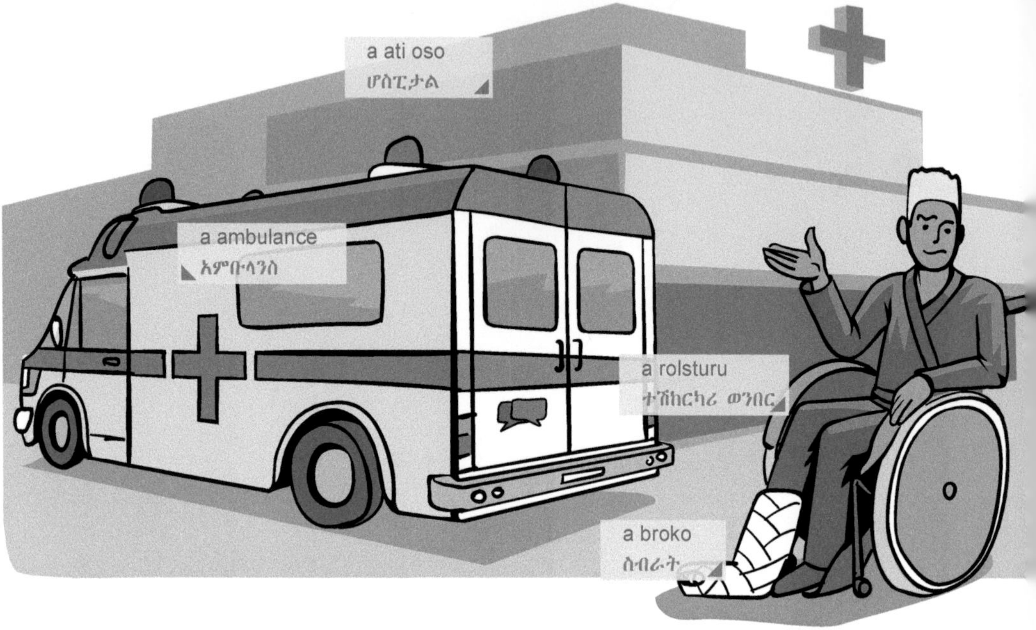

a ati oso / ሆስፒታል

a ambulance / አምቡላንስ

a rolsturu / ተሽከርካሪ ወንበር

a broko / ስብራት

a datra
ዶክተር

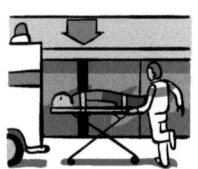
a EHBO
ድንገተኛ ክፍል

a suster
ነርስ

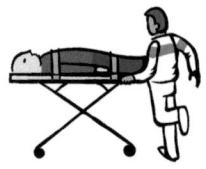
a nowtu
ድንገተኛ

flaw
ራስን መሳት/ አለማወቅ

a pen
ህመም

a soro
ጉዳት

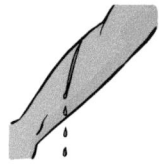
a brudu
መድማት

a ati siki
የልብ ድካም

a bururtu
ስትሮክ

a trefu
አለርጂ

koso
ሳል

a kortsu
ትኩሳት

a griep
ኢንፍሎዌንዛ

a lusu bere
ተቅማጥ

a ede-ati
የራስ ምታት

a takrusiki
ካንሰር

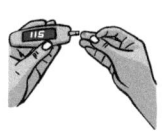
a sukru
የስኳር በሽታ

a chirurg
ቀዶ ጠጋኝ ሐኪም

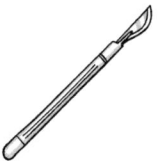
a skalpel
የቀዶ ጥገና ስለት

a operâsi
ቀዶ ጥገና

a ati oso - ሆስፒታል

a CT

ሲቲ

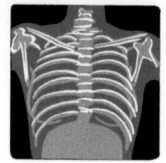

a röntgen

ኤክስሬዮ

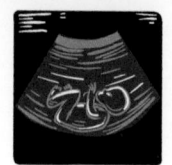

a echo

አልትራሳዉንድ

a fesi maskradu

የፊት ጭምብል

a siki

በሽታ

a wakti kamra

መጠበቂያ ክፍል

a kroku

ምርኩዝ

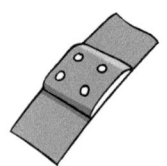

a duku

የቁስል ማሸጊያ

a duku

ፋሻ

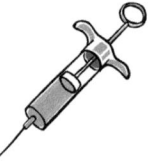

a spoiti

መርፌ

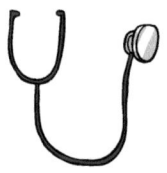

a stethoskoop

የልብ ምት ማዳመጫ መሳሪያ

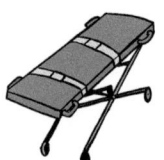

a brandkard

የበሽተኛ አልጋ

a temperatuur marki

የህክምና ሙቀት መለኪያ መሳሪያ

a gebore

መውለድ

a fatu

ከልክ ያለፈ ክብደት

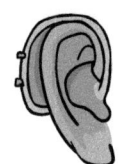

a masyin fu yere

ለመስማት የሚረዳ መሳሪያ

a sani fu krin

ፀረ ተባይ መድሀኒት

a dyomposiki

ማመርቀዝ

a firus

ቫይረስ

a HIV / AIDS

ኤች አይቪ ኤድስ

a dresi

ህክምና

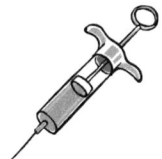

a faksinasi

ክትባት

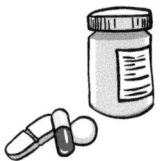

den perki

ኪኒን

a perki

ኪኒን

a nowtu nomru

አስቸኳይ የስልክ ጥሪ

a brudu marki

ደም ግፊት መቆጣጠሪያ

siki / gesontu

ህመም/ ጤንነት

# a nowtu

## ድንገተኛ

Yepi!

እርዳታ!

a warskow

ማንቂያ ደወል

a feti

ጥቃት

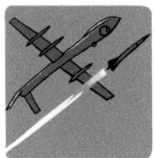

a feti

ድብደባ

a ogri

አደጋ

a nowtu doro

የድንገተኛ መዉጫ

Faya!

እሳት!

a fayakiri sani

እሳት ማጥፊያ

a mankeri

አደጋ

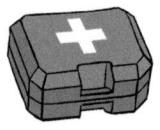

a EHBO-kofru

የመጀመሪያ እርዳታ መድሃኒት መያዣ

SOS

ነፍስ አድን

a skowtu

ፖሊስ

# a grontapu
## ምድር

Bakrakondre

አዉሮፓ

Opo-Amerkan

ሰሜን አሜሪካ

Suid-Amerkan

ደቡብ አሜሪካ

Afrika

አፍሪካ

Asi

እስያ

Australia

አዉስትራሊያ

a Atlantis Se

አትላንቲክ

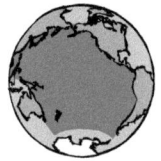

a Tan tiri Se

ፓስፊክ

a Indisch Se

የህንድ ዉቅያኖስ

a Suidsei Se

አንታርክቲክ ዉቅያኖስ

a Noordsei Se

አርክቲክ ዉቅያኖስ

a Noordsei

ሰሜን ዋልታ

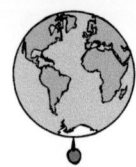

a Suidsei

ደቡብ ዋልታ

Antartika

አንታርክቲካ

a grontapu

ምድር

a kondre

መሬት

a se

ባህር

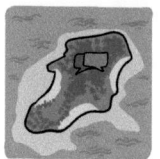

a eilanti

ደሴት

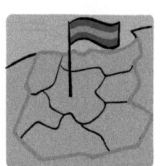

a nâsi

አገርና ህዝብ

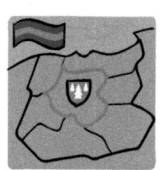

a lanti

መንግስት

# oloisi
## ሰዓት

a oloisi fesi

የሰዓት ገፅታ

a yuru sori

ሰዓት

a miniti sori

ደቂቃ

a sekonde sori

ሴኮንድ

O lati a de?

ስንት ሰዓት ነው?

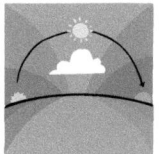

a dey

ቀን

a ten

ጊዜ

now

አሁን

a oloisi

የቁጥር ሰዐት

a miniti

ደቂቃ

a yuru

ሰዓታት

# a wiki
## ሳምንት

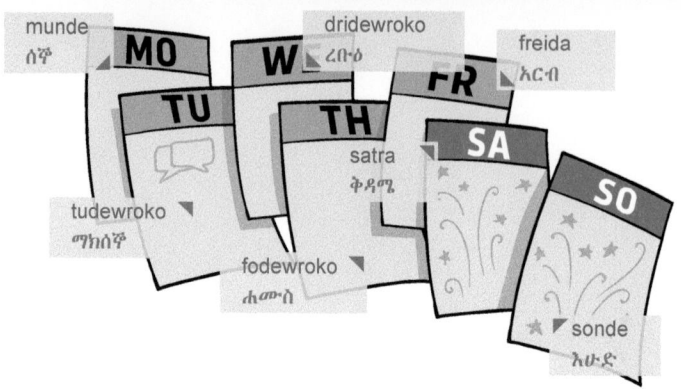

esde
ትላንት

tide
ዛሬ

tamara
ነገ

a mamanten
ማለዳ

a bakadina
ቀትር

a neti
ምሽት

den wrokodei
የስራ ቀናት

a weekend
የዕረፍት ቀናት

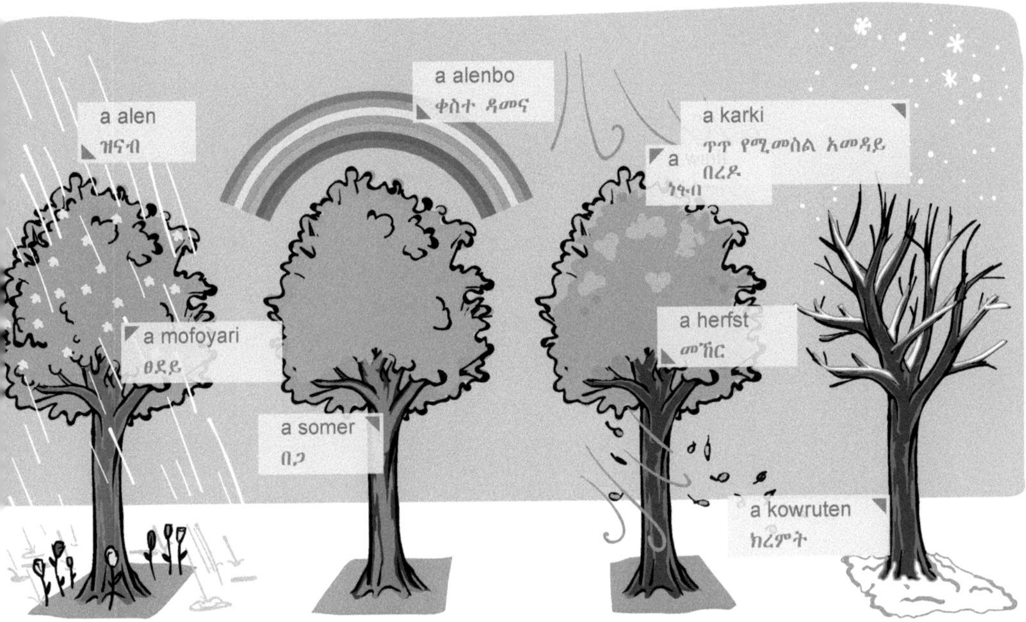

a yari

ዓመት

a alen
ዝናብ
a alenbo
ቀስተ ዳመና
a karki
ጥጥ የሚመስል አመዳይ
በረዶ
a
a mofoyari
ፀደይ
a herfst
መኸር
a somer
በጋ
a kowruten
ክረምት

a taki fu a weer

የአየር ሁኔታ ትንበያ

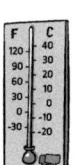

F

a thermometer

የሙቀት መለኪያ

a skèin fu a son

የፀሀይ ሙቀት

a wolku

ደመና

a dow

ጭጋግ

a loktu foktu

እርጥበታማነት

a yari - ዓመት 81

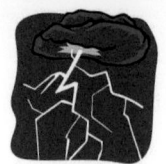

a faya

መብረቕ

a dondru

ነጎድጓድ

a sekiwatra

አዉሎ ንፋስ

a agra

የበረዶ ዝናብ

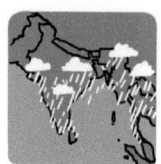

a bigi skwala

አዉሎ ንፋስ

a frudu

ጎርፍ

a èisi

በረዶ

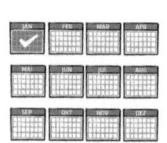

januari

ጥር

februari

የካቲት

maart

መጋቢት

april

ሚያዚያ

mei

ግንቦት

juni

ሰኔ

juli

ሐምሌ

augustus

ነሀሴ

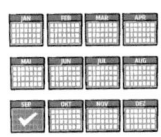

september

መስከረም

oktober

ጥቅምት

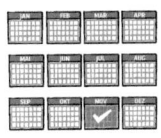

nofember

ህዳር

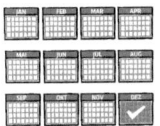

december

ታህሳስ

# den form

## ቅርፆች

a lontu

ክብ

a fokanti

አራት ማዕዘን

a fokanti naga langa sei

አራት ቀጥተኛ ማዕዘኖች ጎኖች ያሉት ቅርፅ

a dri-uku

ሶስት ማዕዘን

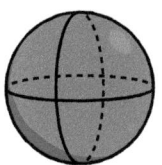

a lontu

ሉል

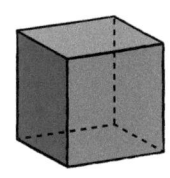

a kubus

ስድስት ጎን ያለዉ ቅርፅ

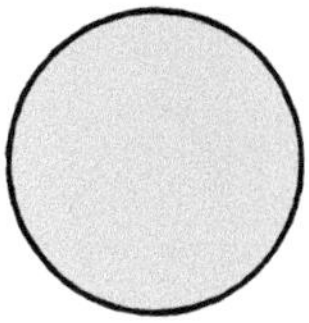

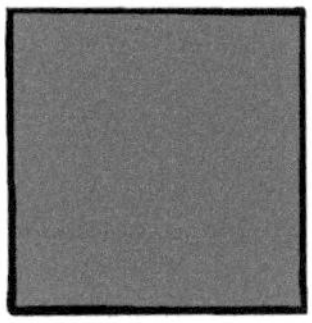

# kloru
## ቀለማት

witi
ነጭ

geri
ቢጫ

alanya
ብርቱካናማ

ròs
ሮዝ

redi
ቀይ

lila
ወይን ጠጅ

blaw
ሰማያዊ

grun
አረንጓዴ

broin
ቡኒ

grei
ግራጫ

blaka
ጥቁር

# difrenti
## ተቃራኒዎች

tumsi / wanwan
ብዙ/ ጥቂት

atibron / tiri
ንዴት/ እርጋታ

moi / takru
ቆንጆ/ አስቀያሚ

begin / kba
ጅማሬ/ ፍፃሜ

bigi / ptyin
ትልቅ/ ትንሽ

lekti / dungru
ደማቅ/ ደብዛዛ

brada / sisa
ወንድም/ እህት

krin / doti
ንፁህ/ ቆሻሻ

krinkrin / no bun nofo
የተሟላ/ ያልተሟላ

dei / neti
ቀን/ ምሽት

dede / libi
የሞተ/ ህያዉ

bradi / smara
ሰፊ/ ጠባብ

kan nyan / no kan nyan

የሚበላ/ የማይበላ

takru / bun

ክፉ/ ደግ

prisiri / ferferi

ደስተኛ/ ድብርተኛ

fatu / fini

ወፍራም/ ቀጭን

fosi / lasti

መጀመርያ/ መጨረሻ

mati / feyanti

ጓደኛ/ ጠላት

furu / leigi

ሙሉ/ ጎዶሎ

tranga / safu

ጠንካራ/ ለስላሳ

hebi / lekti

ከባድ/ ቀላል

angri / dreineki

ረሃብ/ ጥማት

siki / gesontu

ህመም/ ጤንነት

no gi pasi / tru

ህገወጥ/ ህጋዊ

koni / don

ጎበዝ/ ደደብ

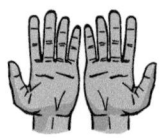

kruktu / leti

ግራ/ ቀኝ

gi / fara

ቅርብ/ ሩቅ

nyun / owru

..................

አዲስ/ አሮጌ

noti / wan sani

..................

ምንም/ የሆነ ነገር

owru / jongu

..................

ሽማግሌ/ ወጣት

leti / tapu

..................

የበራ/ የጠፋ

opo / tapu

..................

ክፍት/ ዝግ

safu / tranga

..................

ፀጥታ/ ጫጫታ

gudu / poti

..................

ሃብታም/ ደሃ

bun / fowtu

..................

ትክክለኛ/ የተሳሳተ

grofu / grati

..................

ሻካራ/ ለስላሳ

sari / breiti

..................

ሐዘን/ ደስታ

shatu / langa

..................

አጭር/ ረዥም

loli / esi esi

..................

ዝግተኛ/ ፈጣን

nati / drei

..................

እርጥብ/ ደረቅ

warang / kowru

..................

ሞቃት/ ቀዝቃዛ

feti / freide

..................

ጦርነት/ ሰላም

# den nomru
## ቁጥሮች

**0** noti — ዜሮ

**1** wan — አንድ

**2** tu — ሁለት

**3** dri — ሶስት

**4** fo — አራት

**5** feifi — አምስት

**6** siksi — ስድስት

**7** seibi — ሰባት

**8** aiti — ስምንት

**9** neigi — ዘጠኝ

**10** tin — አስር

**11** erfu — አስራ አንድ

**12**

twarfu

አስራ ሁለት

**13**

tin-na-dri

አስራ ሶስት

**14**

tin-na-fo

አስራ አራት

**15**

tin-na-feifi

አስራ አምስት

**16**

tin-na-siksi

አስራ ስድስት

**17**

tin-na-seibi

አስራ ሰባት

**18**

tin-na-aiti

አስራ ስምንት

**19**

tin-na-neigi

አስራ ዘጠኝ

**20**

twenti

ሃያ

**100**

hondru

መቶ

**1.000**

dusun

ሺህ

**1.000.000**

milyun

ሚሊዮን

# den tongo

## ቋንቋዎች

Ingristongo

እንግሊዝኛ

Amerkan Ingristongo

የአሜሪካ እንግሊዝኛ

Sneisi Mandarijntongo

የቻይና ማንዳሪን

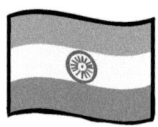

Hinditongo

ሂንዱ

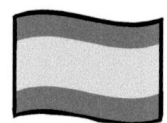

Spanyoro

ስፓኒሽ

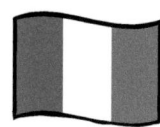

Frans

ፍሬንች

Arabiatongo

አረብኛ

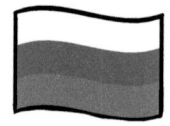

Rusitongo

ራሺያኛ

Potogisi

ፖርቱጊዝ

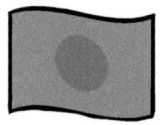

Bengalitongo

ቤንጋሊ

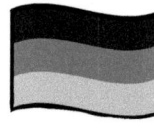

Doisritongo

ጀርመን

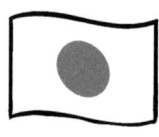

Japantongo

ጃፓንኛ

# suma / sang / fa
# ማን/ ምን/ እንዴት

mi
እኔ

yu
አንተ

en / en / en
እሱ/ እርሷ/ እቃዉ

unu
እኛ

yu
አንተ

den
እነርሱ

suma?
ማን?

san?
ምን?

fa?
እንዴት?

pe?
የት?

oten?
መቼ?

a nen
ስም

# pe
## የት

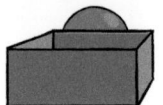

baka

በስተጀርባ

ini

ዉስጥ

fesi

ከፊት ለፊት

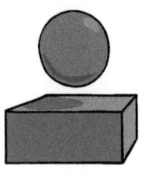

abra

ከላይ

tapu

ላይ

ondro

ከስር

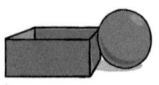

na sei

አጠገብ

mindri

መሃከል

presi

ቦታ